PRINCIPES ET EXEMPLES

D'ARCHITECTURE FERRONNIÈRE

LES GRANDES CONSTRUCTIONS ÉDILITAIRES EN FER

LA HALLE-BASILIQUE

PAR

L. A. BOILEAU, ARCHITECTE

Auteur de plusieurs ouvrages,
Architecte de l'Église Saint-Eugène et de divers édifices publics.

PARIS

LIBRAIRIE SCIENTIFIQUE, INDUSTRIELLE ET AGRICOLE

Eugène LACROIX, Imprimeur-Éditeur

au *Bulletin officiel de la Marine*, Libraire de la Société des Ingénieurs civils de France,
de la Société des Conducteurs des ponts et chaussées, etc.

54, RUE DES SAINTS-PÈRES, 54

(Près le boulevard Saint-Germain)

1881

PRINCIPES ET EXEMPLES

D'ARCHITECTURE FERRONNIÈRE

Nous nous réservons le droit de traduire ou de faire traduire cet ouvrage en toutes langues. Nous poursuivrons conformément à la loi et en vertu des traités internationaux toute contrefaçon ou traduction faites au mépris de nos droits.

Le dépôt légal de cet ouvrage a été fait en temps utile, et toutes les formalités prescrites par les traités sont remplies dans les divers États avec lesquels il existe des conventions littéraires.

Tout exemplaire du présent ouvrage qui ne porterait pas, comme ci-dessous, notre griffe, sera réputé contrefait, et les fabricants et débitants de ces exemplaires seront poursuivis conformément à la loi.

Paris. — Imp. E. Lacroix, 54 rue des Saints-Pères.

PRINCIPES ET EXEMPLES

D'ARCHITECTURE FERRONNIÈRE

LES GRANDES CONSTRUCTIONS ÉDILITAIRES EN FER

LA HALLE-BASILIQUE

PAR

L. A. BOILEAU, ARCHITECTE

PARIS

LIBRAIRIE SCIENTIFIQUE, INDUSTRIELLE ET AGRICOLE

Eugène LACROIX, Imprimeur-Éditeur

du *Bulletin officiel de la Marine*, Libraire de la Société des Ingénieurs civils de France,
de la Société des Conducteurs des ponts et chaussées, etc.

54, RUE DES SAINTS-PÈRES, 54

(Près le boulevard Saint-Germain)

1881

NOTE DE L'ÉDITEUR

Les **PRINCIPES ET EXEMPLES D'ARCHITECTURE FERRONNIÈRE** feront l'objet de plusieurs études.

Chacune d'elles, traitant à part de sujets différents, pourra être consultée séparément et formera, par ce fait, une partie indépendante de l'ouvrage.

Nous croyons devoir faire paraître en premier lieu cette partie (**LA HALLE-BASILIQUE**), parce qu'elle est consacrée à une question pleine d'actualité qui s'impose à l'attention des ordonnateurs officiels des constructions édilitaires d'utilité publique, et aussi parce qu'elle intéresse tous ceux qui participent à l'édification des grands abris populaires.

30 septembre 1880.

E. LACROIX

LES GRANDES CONSTRUCTIONS ÉDILITAIRES EN FER

I

On s'explique que, sous le rapport de l'art, l'architecture contemporaine n'ait pas encore doté notre siècle d'un style aussi caractéristique que chacun de ceux des siècles précédents, dès qu'on tient compte des imitations archéologiques de tous les temps, et des confusions éclectiques qui lui ont été imposées par une nécessité inéluctable d'exigences de rénovation.

Mais, en présence des progrès inouïs des sciences physiques et de l'industrie, on pourrait croire que, dans le domaine de la construction, l'architecture a dû opérer les transformations logiques que l'application des nouvelles ressources fournies par ces puissants auxiliaires peuvent susciter. On en est loin cependant, car la routine, vaincue par l'avancement des sciences dans tant de spécialités du travail humain, et surtout dans la mécanique, subsiste encore dans l'art de bâtir, malgré l'accroissement des éléments constructifs mis à sa disposition.

Il est vrai que, dans nos maisons de ville, où la partie décorative n'est pas affranchie de la banalité de quelques imitations rétrospectives sans cachet pour notre époque, l'architecture industrielle a introduit des améliorations indiquées par les sciences, pour le chauffage, la distribution des eaux et quelques dispositions hygiéniques; mais dans les vastes constructions commandées par les exigences de la démocratie moderne, l'architecture édilitaire n'est pas à la hauteur des progrès récents, comme on le verra plus loin.

Avant d'aborder la revue critique des types arriérés qui se perpétuent dans les grandes constructions d'utilité publique, revue qui doit avoir une portée d'enseignement par l'indication de perfectionnements réalisables, il convient de considérer où en est aujourd'hui l'art architectural, et quels sont les obstacles qui entravent son essor et justifient, jusqu'à un certain point, la lenteur du mouvement.

II

Dans un ouvrage publié en 1871 (1), pour montrer que l'architecture distinctive du XIXᵉ siècle, en voie de formation, est celle dont le fer est le principal élément constructif, j'ai fait ressortir les causes et l'origine de l'évolution qui s'opère depuis le commencement de ce siècle, et qui, de l'état latent et indéterminé où elle a été jusqu'à présent, entre définitivement dans le domaine des faits patents et irréfragables.

Il est certain, désormais, que le temps apparent d'arrêt et d'imitation qui a fait accuser notre siècle d'impuissance en fait de créations architecturales, n'était, en réalité, qu'une période de transition. La solution du problème posé aux architectes exigeait cette recherche prolongée au moyen d'études rétrospectives qui, souvent dirigées dans un autre sens, devaient néanmoins aboutir à des conceptions imposées par la force des choses.

Il fallait, en effet, du temps et bien des essais poursuivis dans les directions les plus opposées, pour arriver à discerner les données d'où l'innovation en architecture devait logiquement procéder, et l'on peut dire qu'on y est parvenu autant par la voie des tâtonnements de l'empirisme que par celle des déductions raisonnées. Avant d'être convaincu que les formes que l'on peut obtenir par l'emploi de la pierre et du bois étaient épuisées, on a tenté d'obtenir quelques modifications avec ces matières ; ce qui, n'ayant abouti qu'à des changements de détails infimes, n'a pu répondre à l'attente du public. D'un autre côté, comme on n'a reconnu et apprécié qu'à la longue les immenses ressources que l'industrie des métaux pouvait mettre au service des constructeurs en se perfectionnant, on a beaucoup tardé à y avoir recours.

Le surcroît de connaissances, l'instruction spéciale qu'il fallait acquérir pour tirer parti du fer, les habitudes séculaires dont il fallait se défaire pour utiliser ses propriétés, toutes différentes des matériaux ayant la consécration du passé, les formes nouvelles qu'il faut y adapter et faire accepter, ont motivé cette période de transition qui a absorbé plus de la moitié du siècle.

Ce laps de temps a, du reste, été également nécessaire pour que la fabrication et le commerce des nouveaux matériaux métalliques s'élevassent au niveau des besoins croissants des constructeurs, forcés d'obvier à la pénurie des bons bois de charpente, et à l'encombrement des masses de pierre interdites par la plupart des programmes modernes.

Dans l'ouvrage précité, j'ai esquissé un historique des applications qu'on a faites jusqu'à présent du fer et de la fonte dans les constructions. Il se résume ainsi :

(1) *Le fer, principal élément de la nouvelle architecture.* Paris, 1871.

« En s'arrêtant aux points saillants de la revue historique exposée, on
« voit successivement la *ferronnerie constructive*, qui était appelée à un grand
« avenir; presque nulle dans l'antiquité, bornée à la production des armatures
« des fenêtres et de quelques chainages au moyen âge, s'étendant aux arma-
« tures des constructions en pierre des trois siècles antérieurs à la révolution,
« substituant la fonte et le fer à la pierre et au bois dans les travaux des
« ingénieurs et des architectes de notre siècle, entrant de nos jours dans les
« constructions d'architecture utilitaire, et arrivant enfin à briller dans les
« créations artistiques de l'architecture monumentale. »

Au premier abord, il paraît bien étonnant que la progression de l'industrie
du fer appliquée à la construction ait pris un temps aussi considérable, puis-
qu'on peut le porter à 6,000 ans, date des plus anciens monuments, qu'une
parole célèbre n'a pas exagérée en évoquant 40 siècles. Mais, en approfondis-
sant l'histoire des efforts continus de l'humanité, cette lenteur s'explique.

Pour qu'un progrès soit effectif dans l'ordre matériel, il faut qu'il fournisse
des ressources usuelles, c'est-à-dire, qu'avec les conditions de perfectionne-
ment et d'accroissement de puissance, il remplisse celle de l'économie, qui
oppose les plus sérieuses difficultés au travail humain. Combien de découvertes
modernes présentement stériles, parce qu'on n'est pas encore parvenu à les
rendre économiquement utilisables! La production de l'aluminium, par exemple.

C'est qu'en effet, il ne suffit pas de découvrir une nouvelle matière ou des
procédés d'extraction et d'épuration, pour mettre en évidence des minerais
gisants dans le sol; il faut encore en développer l'exploitation et en simplifier
la fabrication, de manière à réduire le prix de revient, pour doter la société
d'une de ces richesses qui lui permettent de satisfaire des besoins toujours
croissants par son abondance et son appropriation économique.

C'est en poursuivant ce problème ardu et en parvenant à le résoudre,
que, de nos jours, l'industrie du verre, entre autres, a mis à notre portée des
glaces et des pièces de vitrerie, moitié moins chères et infiniment plus par-
faites que les anciennes, qui passaient pour des objets rares.

Les minerais de fer, différant en ceci de la pierre, qu'il suffit d'arracher de
la terre pour l'employer, ne sont transformés en fonte, en fer forgé et en acier,
qu'au moyen de manipulations physiques et chimiques plus délicates qu'on ne
croit. Or, cette fabrication n'est entrée dans la voie économique qu'au siècle
dernier, avec le concours de l'enseignement scientifique qui lui avait fait défaut
jusque-là. On conçoit donc que le fer n'a pu être définitivement admis comme
élément constructif, que lorsque la solution du problème de l'économie et de
l'extension dans la production a été assez avancée pour qu'on pût le substituer,
dans les constructions, aux autres matériaux, non-seulement sans augmenter
la dépense, mais encore en la réduisant, tout en obtenant plus de célérité dans
l'exécution.

2

III

Malgré tout ce qu'elle laisse encore à désirer, en attendant l'avènement des progrès qui, vu la concentration des efforts sur ce point, ne peuvent tarder à l'améliorer, l'industrie du fer est arrivée, depuis un certain temps, à remplir les conditions économiques, en même temps que celles de résistance et de légèreté, d'une manière assez satisfaisante pour que le fer et la fonte soient définitivement admis dans les constructions. Bientôt, tout porte à le croire, ce sera le tour de l'acier, jadis si cher, qui est sur le point d'être obtenu au prix du fer, à force égale.

Il est à remarquer que, par un dessein vraiment providentiel, les progrès de cette industrie aboutissent au moment où l'architecture, condamnée à des imitations stériles par l'épuisement des combinaisons de la pierre et du bois, ne pouvait créer de nouvelles formes architecturales qu'avec l'aide de matériaux ayant des propriétés différentes de ceux exclusivement employés jusque-là.

On sait que les planchers des maisons s'établissent maintenant en fer au même prix que les planchers en bois ; et, sans parler de la garantie contre les incendies, ils ont l'avantage d'éviter les dangers que comporte l'échauffement des bois non purgés de leur sève et enfermés dans les maçonneries. De nombreux sinistres provenant de cette cause ont été constatés depuis un certain temps, et l'on peut prévoir que les charpentes en bois établies de nos jours dans ces mauvaises conditions ne subsisteront pas jusqu'à la fin du siècle.

Dans la pratique, la même économie jointe à la sécurité se retrouve pour les charpentes jetées sur de grands espaces ; aussi ne songe-t-on plus guère au bois, si ce n'est comme accessoire, pour les combles de gares, de halles, ni pour les ponts. Quant à ce qui est des points d'appui répartis à l'intérieur des vastes enceintes, on apprécie l'agrandissement de l'espace et l'extension des perspectives que procurent les supports en fonte.

La substitution du fer au bois, et de la fonte à la pierre, peut donc être considérée comme admise dans une partie des travaux de l'architecture utilitaire ou industrielle ; mais, comme on l'a déjà pressenti, il est une conséquence d'un ordre bien supérieur qu'elle doit entraîner : c'est celle qui conclut logiquement à la modification des formes primitives conservées dans l'architecture monumentale.

Sur ce point, il existe encore un préjugé qu'il faut déraciner. C'est celui qui porte à croire qu'une construction doit être *massive* pour être *monumentale;* ce qui fait confondre deux sortes de caractères distincts, la *massivité* et la *majesté,* qui ont pu être réunies à la naissance de l'art monumental, mais dont le premier, inhérent à la construction rudimentaire, s'est effacé graduellement devant les progrès de la grande architecture; tandis que le second, émané des principes de l'esthétique, est devenu prédominant en augmentant encore la grandeur de l'effet visuel.

Si la pyramide de Chéops est monumentale en même temps que massive, la cathédrale d'Amiens n'est-elle pas encore plus monumentale, bien qu'elle soit déjà considérablement affranchie de la massivité des monuments égyptiens?

L'étude approfondie de l'histoire universelle de l'architecture révèle, en effet, que le progrès dans cet art est marqué par la décroissance constante de la *massivité*, ou par la prédominance croissante des vides sur les pleins dans la construction. Celle-ci suivant les progrès des sciences physiques appliquées à l'utilisation des propriétés des matériaux, il en résulte un accroissement de puissance des effets esthétiques dans les transformations successives, avec l'extension de la variété dans les types architectoniques.

Jusqu'à ces derniers temps, le progrès des transformations n'a pu être effectué qu'avec les ressources fournies par deux sortes de matériaux : le bois et les pierres naturelles ou factices.

Ces transformations, au point de vue de l'invention, ont donc été forcément limitées par les propriétés physiques de ces deux substances, le fer, comme le cuivre ou le bronze, n'ayant été, jusqu'à ces derniers temps, qu'un accessoire infime dans les constructions.

Les formes capitales des monuments du passé prises dans leur généralité, se réduisent à trois : 1° la *pyramide* pleine ou massive, unie ou à gradins, forme marquée par des lignes inclinées convergentes; 2° la *plate-bande* étendue en plafonds, reposant sur des montants verticaux (murs, piliers ou colonnes), forme marquée par des lignes verticales, réunies par des lignes horizontales et circonscrivant des vides rectangulaires; 3° l'*arcade* étendue en voûtes, reposant sur les mêmes montants verticaux, forme marquée par des lignes verticales, réunies par des lignes courbes et circonscrivant des vides semi-orbiculaires. Dans la première forme, évidement nul; dans la seconde et dans la troisième, évidement ou espace libre et utile limité par la nature des matériaux. Dans les constructions les plus avancées de ces types, la proportion entre les pleins et les vides accuse encore une massivité imposée par la résistance bornée des corps.

IV

Le criterium des progrès de l'architecture que je proposais, en 1853, de prendre dans les rapports des pleins et des vides des constructions typiques (1), est admis et appliqué à l'histoire de l'art, dans un ouvrage récent des plus remarquables, écrit en italien, puis en français, par un écrivain milanais, le sénateur Tullo Massarani (2). Les extraits suivants d'un passage de ce livre, où l'abondance des idées ne le cède en rien à l'entrain du style, viennent, avec tant d'autorité, à l'appui de ce qui précède, qu'on ne saurait se dispenser de les citer.

« L'architecture, dit l'auteur, est peut-être parmi tous les arts celui qui a le moins ses coudées franches; car les besoins auxquels il lui faut pourvoir sont des mieux définis et des plus constants; et ses moyens, quelque variés qu'ils soient par la matière et par la forme, peuvent se classer sous deux fonctions générales : *porter* et *couvrir*.

. . . .

« Cependant, sous la multiplicité infinie de ses évolutions, à travers toute la série des temps, des styles, des manières, au milieu de phases qui paraissent parfois l'approcher de la perfection, parfois l'enrayer dans les redites, parfois même la précipiter ou la refouler dans l'absurde, il n'est pas difficile d'apercevoir un autre mouvement, quelque irrégulier et quelque lent qu'il soit, un mouvement imprimé par une force étrangère à l'art et indépendante de la volonté de l'artiste, gouverné par une loi rigide, absolue, intraitable comme le sont d'ordinaire les lois économiques. Ce mouvement est celui qui amène pas à pas l'architecture du colossal au convenable, et du convenable au nécessaire ; la loi est celle que les économistes et les physiciens

_____

(1) Après avoir indiqué ce criterium dans une publication de 1853, qui est épuisée, j'ai montré, dans un compte rendu du *Traité d'architecture* de feu Léonce Reynaud, inséré dans le journal *Le Siècle*, en 1855, qu'il pouvait servir de base à une classification méthodique des œuvres de l'art monumental. La lacune qui existe à cet égard dans les histoires universelles de l'architecture que nous possédons, demande à être comblée, si l'on veut rendre fructueux l'étude et l'enseignement de cette histoire au point de vue de l'enchaînement logique des inventions faites et à faire. Les distinctions chronologiques et géographiques usitées ne pouvant suffire, comme guide, pour marquer les étapes du progrès dans l'art monumental, il est indispensable de fonder une classification didactique des œuvres de cet art, en suivant, sans préoccupation de temps ni de lieu, l'ordre des termes de la progression, sous le double rapport de la combinaison des organes constructifs des monuments et de la valeur expressive de leurs éléments esthétiques; classification inspirée des méthodes qui apportent tant de clarté dans la minéralogie, la botanique, la zoologie, la chimie, etc.

L'esquisse de cette classification trouvera sa place dans une des parties suivantes de la collection.

(2) *L'Art à Paris*, par M. Tullo Massarani. — Paris, à la librairie Renouard, 1880.

appellent du minimum des forces; et toutes les phases de ce grand phéno-
mène historique qui s'est développé sans relâche depuis les premiers temps
dont le souvenir nous soit parvenu jusqu'à ceux où nous vivons, peuvent être
représentées par la série des rapports existant entre les deux termes de toute
architecture : les *pleins* et les *vides;* rapports qui se sont peu à peu modifiés
dans le cours des siècles, jusqu'à s'être complètement intervertis.

· ·

« C'est Rome qui greffe sur la tradition l'élément novateur, l'arc, un
élément où couvent les germes de plusieurs révolutions; mais elle n'en
déduit pas les conséquences; car elle renferme encore la courbe dans la structure carrée des ordres grecs. La tâche d'affranchir l'arc de la tyrannie de
l'architrave n'échoit qu'à la décadence de l'Empire; et c'est là que, sans trop
en avoir conscience, les architectes de Dioclétien inaugurent au fond des
archipels dalmates une ère nouvelle. C'est là le temps aussi où le christianisme,
qu'il en ait ou n'en ait pas une perception bien claire et une conscience bien
arrêtée, ébranle la robuste membrure hiérarchique du monde romain.

« L'arc libre contient le germe de plusieurs révolutions. Et, en effet,
dès que l'arc s'élance et fonctionne, voilà les massifs de maçonneries, les
pleins excédant les vides, qui commencent à céder la place à la colonne,
c'est-à-dire à un soutien simplifié, réduit au minimum. La ligne verticale, on
le voit, n'est désormais pas trop loin de supplanter l'horizontale. Byzance
fera le reste, et le vide triomphera dans la coupole, de même que le plein
avait triomphé dans le topi, dans le pylône et dans la pyramide. Mais pour
rester en Occident, on ne saurait se passer de remarquer que l'organisation
sociale y suit les mêmes errements, y subit les mêmes modifications, y accom-
plit les mêmes phases que l'art, qui en est en quelque sorte le symbole. Au fur
et à mesure que la construction architecturale s'évide, on dirait qu'elle
accueille de meilleur gré la foule, le vulgaire, le petit peuple. Ils ne péné-
traient pas, ou fort peu, on le sait, dans le temple ancien; au moyen âge, ils
commencent à pénétrer dans l'église, et l'église n'est plus une œuvre d'esclaves,
elle est leur œuvre. Il n'y a pas jusqu'au serf, tout embryonnaire que soit
encore sa nature, qui ne sente qu'un moyen de secouer tant soit peu le
joug du maître est de se donner corps et âme au maître de tous; et que
c'est de sa part faire acte d'homme, que de porter spontanément une pierre
à la maison de Dieu.

· ·

« Grâce à l'ogive, et aux contreforts, et aux arcs-boutants extérieurs
qui en sont les corollaires, les murs, cessant presque la fonction de porter
pour se borner à celle de ceindre, s'ouvrent en baies géantes à la féerie
des vitraux; la lumière, décomposée dans les couleurs de l'arc-en-ciel, envahit
la cathédrale; et le cœur des fidèles s'épanouit, palpite, exalté dans l'hymne

de grâces. » Un peu plus loin, l'auteur, après avoir noté un certain temps d'arrêt dans la progression de l'évidement, en constate la cessation en ces termes : « L'instrument de cette dernière revanche (des vides sur les pleins), le moteur de cette dernière révolution, c'est le *fer*. »

V

Dans son état actuel, qui ne peut que s'améliorer, l'industrie du fer mettant à la portée des constructeurs l'énorme résistance de la fonte à l'écrasement et la multiplicité des profils des fers laminés, propice aux assemblages, ces précieux facteurs doivent engendrer des transformations architecturales inconnues du passé, et donner lieu à de nouveaux types d'édifices motivés par l'extension de nos besoins modernes.

Maintenant, l'ancienne plate-bande, d'une portée si restreinte, peut franchir des fleuves; l'arc en pierre, d'une ouverture si limitée, peut s'élancer au-dessus des bras de mer; les points d'appui de ces superstructures peuvent être réduits dans leur nombre et dans leur volume; les antiques amoncellements des plus hautes pyramides peuvent être évidés de la base au sommet, par un dégagement intérieur redoublant l'immensité émouvante de l'extérieur; le dôme du *Panthéon*, amplifié, peut être élevé sur un *temple de la paix* élégi au suprême degré; les encorbellements si raccourcis de bois et de pierre peuvent être projetés au loin dans le vide, en étant mobiles au besoin. Des *spécimens* de ces transformations radicales, commandées par des exigences d'économie, ont fait leur apparition dans les grands travaux publics, depuis un certain temps, sous la direction savante des ingénieurs; mais les architectes, retenus dans les lisières de l'art gréco-romain d'après Vitruve et Vignole, résistent encore à ce mouvement.

L'architecture ferronnière, encore à son aurore, n'est pas complètement affranchie des errements de la routine invétérée par les anciens procédés de construction. Comme toutes les créations à leur début, elle s'est laissée influencer par des habitudes antérieures, et elle a commencé par copier avec le fer et la fonte, les formes commandées par la pierre et le bois; erreur palpable qui entrave son essor, comme l'ont fait sentir deux grandes autorités en la matière, les regrettables Léonce Reynaud et Viollet-le-Duc (1).

(1) Le tableau de comparaison qu'on trouvera plus loin est destiné à montrer les formes architecturales que les différents matériaux comportent pour être utilisés économiquement.

VI

M'appuyant sur les données qui précèdent et sur l'expérience que j'ai pu acquérir par une longue pratique de la construction ferronnière (1), je me suis proposé de contribuer à faire abandonner ce qui reste d'arriéré dans les grandes constructions édilitaires d'utilité publique en fer, en montrant comment on peut les faire profiter des connaissances acquises à cette heure, sans préjuger des perfectionnements que l'avenir nous réserve.

Les constructions ferronnières qui doivent m'occuper dans la suite de cette revue critique, sont de trois sortes : 1° les vastes couverts pour halles, marchés, galeries d'exposition, gares, etc.; 2° les édifices voûtés pour lieux de réunions religieuses ou civiles; 3° les théâtres. C'est des premières qu'il doit être question dans cet écrit.

Jusqu'à présent, pour éclairer et aérer les larges couverts où des jours latéraux ne peuvent atteindre le milieu de l'espace, on n'a fait, avec les anciens systèmes de construction, que trois sortes d'abris qui laissent beaucoup à désirer, tant sous le rapport de l'éclairage et de la température que sous celui de l'élégance de la forme. Les trois dispositions que l'on continue d'appliquer aux vastes couverts ont pour précédents traditionnels : les serres chaudes, les hangars d'usine et les *sheds* d'ateliers et de manufactures.

Les cages avec couvertures entièrement vitrées procédant des anciennes serres chaudes à châssis de bois, qui ont pris une grande extension par l'introduction du fer dans leur structure, communiquent aux grands abris comportant des besoins d'habitation et d'hygiène, le surcroît de chaleur recherché pour les serres jardinières, mais intolérable hors de là; ainsi qu'un jour d'aplomb qui, étant faussé par la réverbération des surfaces miroitantes, est le moins favorable pour la vue des objets placés dans ces intérieurs. Ce sont là de graves défauts qu'on ne fait qu'atténuer avec des claies ou des toiles renouvelées à grands frais, voire même avec des injections d'eau, comme on l'a éprouvé au palais des Champs-Élysées, à la cour des moulages antiques de l'École des beaux-arts, à la grande halle abritant les caisses publiques du Ministère des finances, aux gares de chemins de fer, et partout. On sait aussi que les bris et chutes de verres, inévitables avec ces sortes de couvertures, ont abouti parfois à des désastres, dont la grande gare de Lyon, enfoncée par la grêle en 1874, a été un mémorable exemple.

Il résulte de ces inconvénients, auxquels il faut ajouter les infiltrations de la pluie, les écoulements de la buée condensée et la surcharge de la neige obscurcissante, qu'une expérience de longues années a fait condamner ce

(1) Notamment, l'exécution d'une douzaine d'édifices, tant en France qu'en Angleterre, ayant des voûtes de formes nouvelles, au moyen d'ossatures ferronnières. Une partie de notre publication est réservée à cette spécialité de constructions.

genre de couverture transparente, qu'on subit encore tout en maugréant, parce que le moyen de le remplacer n'est pas assez connu.

Les toits avec lanternons adaptés aux usines qu'ils caractérisent, en conservant plus ou moins de parties en verre, et qui mettent en évidence tout l'attirail des fermes et autres pièces de la charpente, peuvent convenir à des hangars provisoires n'ayant d'autre prétention que celle de l'économie, dans le but de favoriser l'aération de milieux saturés d'émanations gazeuses ; mais ils sont inacceptables pour des salles publiques devant être closes et convenablement éclairées, et où la vue ne doit pas être désagréablement affectée par un enchevêtrement de pièces de charpenterie, comme les entraits, poinçons, liens, etc., des fermes en bois, ou les tendeurs, tirants, bielles, etc., des fermes en fer, dites à la Polonceau ou autres.

Les couvertures par redents, des *sheds* anglais, appropriés aux grands ateliers des fabriques et manufactures, qu'ils éclairent, au nord, par la partie retroussée des lucarnes successives dites *chiens assis*, traversant toute la largeur et dont le profil général en dents de scie nécessite, dans les rentrants, une multiplicité de chéneaux peu économique, montrent en outre, à l'intérieur, une suite de plafonds rampants et fuyants, avec de longues traverses basses soulagées par des supports répétés.

La vue perspective qui résulte de cette disposition, tant à l'extérieur qu'à l'intérieur, est tellement disgracieuse qu'on peut bien la subir pour cause d'utilité au milieu d'une agglomération de hangars industriels, mais qu'elle ne saurait être offerte aux regards du public dans nos villes ; cette forme n'étant d'ailleurs un peu économique que par la prépondérance du bois dans la construction. Les baraques provisoires des postes, au Carrousel, où les chiens assis ont été limités en longueur, donnent une idée de cet aspect peu agréable.

A propos de ces comparaisons entre des constructions utilitaires, il n'y a pas lieu de citer les plafonds lumineux de quelques salles de nos grands musées de peinture, dont la disposition grandiose à doubles parois de plafonds et de couvertures enchâssés dans des charpentes fort compliquées et supportées par de robustes appuis, remplit il est vrai les conditions d'éclairage, mais qu'on n'obtient qu'avec des dépenses auxquelles les ressources du trésor de l'État, ou celles des colossales maisons de commerce, peuvent seules faire face. Du reste, ce système de doubles cages vitrées, qui laisse encore à désirer, n'a profité, jusqu'ici, qu'aux œuvres de peinture, la France ne possédant pas encore un seul musée où les œuvres de sculpture soient bien éclairées, c'est-à-dire où les formes soient rehaussées par des ombres nettes accusant tous les reliefs.

VII

En constatant les inconvénients des divers modes de construction usités pour les vastes couverts décrits ci-dessus, on s'aperçoit qu'ils proviennent de l'imitation exagérée que la ferronnerie constructive a faite, à son origine, des combinaisons antérieures, motivées par les propriétés de matériaux tout autres. Par la force de l'habitude, les *desiderata* tolérés au début ont subsisté dans cette spécialité d'édifices. Ils ne peuvent disparaître que par la création de formes différentes, suscitées par l'emploi judicieux du fer.

Quand il s'est agi de couvrir de grands espaces, qui ne pouvaient être éclairés par les parois latérales, on a trouvé tout simple de jeter des toits en verre sur des charpentes en fer, pensant que ces espaces seraient ainsi abrités de la pluie en ayant du jour à ciel ouvert, comme si la couverture n'existait pas. Mettant ainsi en oubli les plus simples éléments de la physique, en ce qui concerne la théorie de la chaleur, on n'est parvenu qu'à faire des amplifications de serres chaudes.

Ce que l'on a appelé emphatiquement, en Angleterre, le *Palais de Cristal*, énorme boîte cubique en fer et en verre, qu'il a fallu contreventer après coup, pour obvier à l'oscillation, et le palais des Champs-Élysées, qui a subi la même opération dans sa grande voûte, sont des spécimens de serres chaudes gigantesques, où l'éclairage est aussi vicié que l'uniformité de la température.

En 1871, je signalais (1) une tendance à réduire la vitrerie des toits dans les marchés publics, l'expérience ayant déjà fait reconnaître combien il était nuisible d'inonder des rayons solaires ces magasins de substances putrescibles. Après s'être résigné à pallier le mal avec des toiles, comme au marché Saint-Honoré et au palais des Champs-Élysées, on en est revenu aux lanternons d'usines. Cette disposition ne laissant qu'un jour triste, on a essayé de compenser l'obscurité du toit par l'introduction, dans les latéraux, de persiennes en lames de verre, qui ne peuvent répandre la lumière qu'à une faible distance, bien éloignée du milieu. Ces vitrages, fort coûteux, d'une grande fragilité, promptement obscurcis par la poussière qu'il est difficile d'enlever, ne peuvent être admis dans la pratique économique.

C'est, sans doute pour faire droit à quelques-unes de ces objections que, dans les derniers marchés construits à Paris, on a remplacé les croupes des toits d'extrémités par des pignons vitrés. Les tympans à jour de ces grands frontons couronnés de corniches dispendieuses, n'ont pourtant d'effet que quand la longueur du couvert est restreinte. Les pavillons des halles de Paris, avec l'élévation considérable de leurs étages en retraite et ajourés, ont encore des toitures centrales en verre.

(1) *Le fer*, etc.

Les fermes de grande portée destinées à supporter les vastes toitures, soit pleines, soit vitrées, ont, de tout temps, excité l'attention des constructeurs.

Au XVIme siècle, Philibert de l'Orme, cet architecte qui joignait à un sentiment élevé de l'art le talent de « bastir à petits fraiz » selon son expression, a attaché son nom à une invention de charpente en bois, dont il fit l'épreuve au château de la Muette. Ce système de fermes cintrées sans entraits, composées d'une multitude de morceaux bien assemblés et maintenus par des clefs et des chevilles, fut appliqué, sous Louis XVI, à la première coupole de la halle au blé, par le savant menuisier Roubo, comme le constate une inscription conservée à l'intérieur de la rotonde.

L'ingénieur Polonceau, fils de celui à qui l'on doit le pont du Carrousel, dont la combinaison sort de l'ordinaire, a mis au jour, de 1837 à 1855, un système de fermes permettant de franchir l'espace avec des tringles de peu de longueur en bois et en fer combinées. Ce système, qu'on pouvait exécuter avec des barres de fer de faible dimension, une fois adopté par raison d'économie, est aujourd'hui imposé par une routine de 25 années, malgré ses imperfections.

Les fermes dites *à la Polonceau,* sont composées d'une réunion de triangles articulés, où la majeure partie des pièces subissent des efforts d'extension ou d'arrachement. Le fer, à la rigueur, pourrait en effet résister dans ce sens, en supposant que la matière travaillée soit dans les conditions de perfection absolue sur laquelle on base les calculs de résistance; ce qu'on ne saurait espérer obtenir dans la pratique sans se faire illusion.

Il ne faut qu'un manque de cohésion dans les barres de fer des tirants, tendeurs, ou une chauffe manquée dans les nœuds forgés qui les réunissent, ou des filets émoussés dans les taraudages qui les serrent, pour qu'un surcroît accidentel de charge entraîne l'extension propre à ce système mobile jusqu'à la rupture, comme cela est arrivé cet hiver, sous le poids des neiges, au marché Saint-Martin, reconstruit depuis tout différemment, avec des files de colonnes.

La comparaison des bâtiments des Expositions universelles de 1867 et de 1878 peut servir à constater les progrès que l'architecture ferronnière a faits dans l'espace de onze années. En suivant la description exacte que M. C. Blanc a laissée des constructions principales de la dernière (1), on est frappé de la hardiesse des grandes galeries du pourtour extérieur et des dômes élancés qui les flanquent. Malheureusement, la plus grande partie de la superficie intérieure était encore couverte par des toits moitié en verre, supportés par des fermes à la Polonceau. On n'oubliera pas combien ce système, appliqué à la galerie

(1) *Les beaux-arts, à l'Exposition universelle de 1878.* — Paris, Librairie Renouard.

des Beaux-arts, où il a causé tant d'ennuis, faisait tache au milieu d'une bordure de nefs et de pavillons d'un effet si grandiose.

En revanche, la dernière Exposition a fait surgir un système nouveau, que feu l'ingénieur Dedion a appliqué aux grandes galeries des machines longeant les deux grands côtés de l'enceinte du Champ-de-Mars. Ce système, qu'on a désigné sous le nom de *fermes sans tirants*, remplace les arcs en plein cintre reposant sur le sol à leur naissance, forme incommode et d'une extrême lourdeur à l'œil, par des arcs brisés de figure polygonale construits en treillis, et dont les retombées s'élèvent verticalement jusqu'à l'angle inférieur des pans du toit. Pour ces galeries ayant une grande élévation, égale à leur largeur, on a pu éclairer largement l'intérieur par les latéraux sans recourir à la couverture en verre ; mais lorsqu'on a appliqué une réduction de ce système aux annexes basses des machines, il a fallu en revenir au toit vitré dans son milieu, comme aux galeries en fer à cheval du Trocadéro.

VIII

L'utilisation rationnelle du fer a permis de réaliser la transformation progressive qui était impraticable sans son secours. Le principe des *fermes éclairantes*, fondé sur les propriétés de ce métal, donne lieu à une forme nouvelle qui obvie aux inconvénients signalés ci-dessus dans les vastes couverts (1). Ce type de construction ferronnière étant architectural, et remplaçant le fouillis de la charpente des hangars usités pour les gares, halles, marchés, galeries d'exposition, etc., je l'ai désigné sous le nom de *Halle-Basilique*, pour corriger le premier mot qui répond à l'idée de hangar rudimentaire, par le second qui rappelle celle des grands abris antiques, édifices civils d'ordre architectural et décoratif.

Voici la description qui a été faite du nouveau type architectural, par M. C. Blanc, de l'Institut, dans son ouvrage intitulé : « *Les beaux-arts à l'Exposition universelle de 1878.* »

« La question du vitrage (à l'Exposition), nous amène à parler du modèle
« de halle-basilique exposé par M. Boileau dans la classe 66, qui est celle
« du Génie civil..... M. Boileau a fort bien montré, dans ce modèle en relief,
« qu'on pouvait utiliser, comme châssis vitrés, les fermes d'un comble. Si l'on
« couvre un espace considérable d'une voûte formée par des poutres en
« treillis, voûte qui se divise en travées, alternativement hautes et basses, la
« différence qui existe entre les travées basses et les travées hautes est
« occupée et mesurée par les poutres en treillis, lesquelles étant à jour
« dans leur épaisseur évidée, laissent pénétrer à travers un vitrage vertical

(1) Voir les planches et leur description.

« une lumière oblique comme celle des ateliers de sculpture. Ces poutres
« sont posées simplement sur des montants en fonte, l'un extérieur, l'autre
« intérieur, qui portent la couverture et contribuent à la contreventer. »

Si la forme générale de la *Halle-Basilique,* qui peut être variée selon
les diverses exigences des programmes, est regardée comme heureuse, et
l'idée de son auteur reconnue « ingénieuse » par les experts officiels (1),
la sécurité de sa construction pratique ne peut être mise en doute, car la
résistance des poutres en treillis, ou arcs vitrés sans tirants, et la stabilité
de l'ensemble, sont démontrés dans un mémoire de M. Brune, professeur de
construction à l'École des beaux-arts. Il est prouvé aussi que ce mode de
construction architecturale peut être substitué à celui des hangars à grands
pignons, sans surcroît de dépense. Pour les édifices d'un ordre plus élevé,
comme les galeries d'exposition, la comparaison des prix de revient serait
encore davantage en sa faveur. Les planches qui accompagnent cet écrit
donnent une idée de la variété des dispositions que comporte le principe
des fermes éclairantes qui, à dimensions égales en plan, portent les ouvertures
lumineuses au triple de celles qui éclairent l'ancienne salle des pas perdus, au
palais de justice.

IX

Pour ne laisser substituer aucune prévention, j'ai dû, en traitant le sujet
de cette partie de l'ouvrage, entrer dans des considérations générales qui
s'appliqueront également aux suivantes. En ce qui concerne les vastes couverts, je crois avoir mis en évidence les améliorations que le progrès doit
faire préférer aux errements de la routine. Depuis plusieurs années que des
modèles de ce nouveau type architectural ont été mis sous les yeux du public
dans des expositions et dans de nombreuses publications (2), il n'a pas donné
prise à la critique. Au point où en est la démonstration de l'opportunité et
des avantages du système des fermes éclairantes, on est en droit de con-
clure que rien ne saurait s'opposer à ce qu'il soit préféré à ceux dont on
connaît maintenant les défauts, pour l'édification des grands abris populaires.

Dans cette question, l'initiative appartient surtout aux ordonnateurs officiels de constructions édilitaires, tant *Ministres, Préfets* ou *Maires* que
Conseillers municipaux.

---

(1) Du Ministère des travaux publics.
(2) Notamment dans celles de MM. Oppermann, E. Lacroix, l'abbé Moigno, L. Lockert et
E. Bosc.

Cette publication, avec sa date, ne laisse plus de prise au prétexte qu'on pouvait avoir d'ignorer une invention qui, sous des formes différentes, a été montrée à une commission d'architectes en 1877, au salon des beaux-arts en 1868, et à l'Exposition universelle en 1878.

Désormais, les pouvoirs publics ne peuvent donc la méconnaitre ni en ajourner l'adoption sans s'exposer, plus tard, aux reproches de l'opinion publique.

Comparaison de la *résistance* et du *prix de revient* entre la pierre, le bois, le fer et la fonte sous un même volume.

Guide pour l'utilisation économique de ces matériaux exigeant des combinaisons architectoniques différentes
en raison de la diversité de leurs propriétés respectives (1).

MATÉRIAUX.	PESANTEUR spécifique. —— POIDS de 1 mètre cube.	RESISTANCE PAR CENTIMÈTRE CARRÉ.		PRIX du kilogramme	PRIX du mètre cube.	RÉSUMÉ des COMPARAISONS.
		A LA COMPRESSION ou à l'écrasement, force portante.	A LA TRACTION ou à l'arrachement, force tirante.			
Pierre. Banc royal avec parements décoratifs, en place.	2140ᵏ »	Instantanée . 150ᵏ » Permanente. ¹/₃ = 50ᵏ »			200ᶠ »	(A) Force portante instantanée plus de 66 fois celle de la pierre.
Pierre. Banc royal pour piles, colonnes unies, en place.	2140ᵏ »	Instantanée . 150ᵏ » Permanente. ¹/₃ = 50ᵏ »			120ᶠ »	Force permanente admise dans la pratique, 30 fois celle de la pierre, eu égard à la forte réduction du diamètre sur même hauteur.
Bois de charpente, chêne refait, en place.	760ᵏ »	Instantanée . 400ᵏ » Permanente. ¹/₄ = 100ᵏ »	Instantanée. 700ᵏ » Permanente. ¹/₁₀ = 70ᵏ »		200ᶠ »	Prix du mètre cube 18 fois celui de la pierre pour les deux classes correspondantes.
Bois de chêne de petit arrimage pour poitrails, etc.	760ᵏ »	Instantanée . 400ᵏ » Permanente. ¹/₄ = 100ᵏ »	Instantanée. 700ᵏ » Permanente. ¹/₁₀ = 70ᵏ »		140ᶠ »	(B) Force tirante instantanée près de 5 fois celle du bois.
Bois de chêne ordinaire pour planchers, combles.	760ᵏ »	Instantanée . 400ᵏ » Permanente. ¹/₄ = 100ᵏ »	Instantanée. 700ᵏ » Permanente. ¹/₁₀ = 70ᵏ »		120ᶠ »	Force permanente admise dans la pratique pour la pression normale, plus de 11 fois celle du bois. Prix : 42 fois celui du bois.
Fonte ornée, en place (A).	7200ᵏ »	Instantanée . 10.000ᵏ » Permanente. ¹/₁₀= 1.000ᵏ »	Instantanée. 1.300ᵏ » Permanente. ¹/₅ = 260ᵏ »	0ᶠ,50	3600ᶠ »	
Fonte ordinaire et colonnes creuses (A).	7200ᵏ »	Instantanée . 10.000ᵏ » Permanente. ¹/₁₀ = 1.000ᵏ »		0ᶠ,30	2160ᶠ »	
Fer. Cornières, simple et double T assemblé pour fermes, etc., (B).	7788ᵏ »	Instantanée . 4.900ᵏ » Permanente. ¹/₁₀= 490ᵏ »	Instantanée. 4.000ᵏ » Permanente. ¹/₅ = 800ᵏ »	0ᶠ,75	3844ᶠ »	
Fer à double T pour poitrails, en place.	7788ᵏ »	Instantanée . 4.900ᵏ » Permanente. ¹/₁₀= 490ᵏ »	Instantanée. 4.000ᵏ » Permanente. ¹/₅ = 800ᵏ »	0ᶠ,50	3894ᶠ »	Prix : près de 32 fois celui du bois.
Fer à double T pour planchers, etc., en place.	7788ᵏ »	Instantanée . 4.900ᵏ » Permanente. ¹/₁₀ = 490ᵏ »	Instantanée. 4.000ᵏ » Permanente. ¹/₅ = 800ᵏ »	0ᶠ,35	2725ᶠ,80	Prix : plus de 22 fois celui du bois.

Comparaisons d'équivalents en fonction dans la pratique des constructions.

SUPPORTS de HAUTEUR ORDINAIRE.	SECTIONS.	LE MÈTRE DE HAUTEUR chargé PAR CENTIMÈTRE.	PRIX D'UN MÈTRE.	PROPORTION des SECTIONS.	PRIX COMPARATIFS.
Pile en pierre ci-dessus. .	0ᵐ,40 × 0ᵐ,40 = 0ᵐ,1600	à 50ᵏ = 80,000ᵏ	à 120ᶠ = 19ᶠ20	Moins de 17 fois celle de la fonte.	
Poteau en chêne refait. .	0ᵐ,30 × 0ᵐ,30 = 0ᵐ,0900	à 100ᵏ = 90,000ᵏ	à 200ᶠ = 18ᶠ00	Près de 10 fois celle de la fonte.	Pas de différence sensible de prix.
Colonne en fonte (diamètre).	pleine de 0,11 } = 0ᵐ,009498 ou creuse de 0,16 }	à 1,000ᵏ = 95,000ᵏ	68ᶠ00 à 0ᶠ30 = 20ᶠ40	Environ ¹/₂₀ de la pierre et ¹/₁₀ du bois.	
POITRAILS.		5 mètres de portée; travail par centim.			
Bois de chêne.	0ᵐ,30 × 0ᵐ,30 = 0ᵐ,0900	à 80ᵏ = 5,254ᵏ	à 140ᶠ = 12ᶠ60	Près de 14 fois celle du fer.	Prix plus du double du fer, différence diminuant avec l'augmentation des portées.
Fer à double T, 2 lames de 0.22 et accessoires. . .	ensemble = 0ᵐ,0066	à 800ᵏ = 5,096ᵏ	53ᵏ » à 0ᶠ50 = 26ᶠ50		
SOLIVES.		4 mètres de portée; travail par centim.			
Bois de chêne.	0ᵐ,10 × 0ᵐ,20 = 0ᵐ,0200	à 80ᵏ = 956ᵏ	à 120ᶠ = 2ᶠ40	12 fois celle du fer.	Prix une fois et ¹/₄ de celui du bois, se trouve réduit à l'égalité par un plus grand écartement des solives.
Fer à double T de 0.14. .	de 0ᵐ,14 de haut. = 0ᵐ,0046	à 800ᵏ = 975ᵏ	12ᵏ50 à 0ᶠ35 = 4ᶠ27		

(1) Les données de ce tableau sont des moyennes énoncées en chiffres ronds pour rendre les contrastes clairement sensibles.

EXEMPLES FIGURÉS DANS LES PLANCHES

PLANCHE Ire. — Cette planche contient le principe typique de l'invention dont les autres exemples sont des applications variées. Ce principe consiste à utiliser les fermes du comble pour éclairer l'intérieur dans toute sa largeur, sans avoir besoin de prendre des jours dans les parois latérales ou longitudinales. Cette disposition de fermes transversales servant de châssis vitrés verticaux, au moyen d'un mouvement de voûtes-couvertures qui les dégage, est sans précédents. Elle ne pouvait être réalisée qu'avec l'aide du fer, dont la force de résistance à la traction et à la compression et la tenacité propice aux rivures d'assemblage, ont permis d'appliquer aux fermes ou arcs le mode d'exécution des poutres en treillis et de supprimer les tirants. Pour la vitrerie de ces arcs-fermes, qui exigeait des feuillures au pourtour des compartiments, on a imaginé une combinaison nouvelle de treillis à laquelle le fer se prêtait. C'est ainsi qu'a été résolu le problème des *fermes éclairantes* de grande portée, que l'on ne pouvait même pas aborder avec les seules ressources de la charpente en bois. Les sections et la force des fers réunis en treillis, dans la composition de ces arcs-fermes, se trouvent dans un mémoire avec figure inséré plus loin.

Il est à noter, en vue de ce qui va suivre, que dans ce mémoire, basé sur un projet spécial de marché remis à la Direction des travaux de la ville de Paris, sur sa demande, les calculs sont établis sur un arc-ferme de 26 mètres de portée et de 1m,65 de hauteur. La mesure de la portée étant une moyenne très pratique, et la hauteur du treillis étant reconnue suffisante pour cette portée, elle doit être préférée sous tous les rapports, comme établissant une proportion heureuse pour l'effet optique.

La figure, pl. I, qui est celle d'un modèle en relief exécuté au vingtième et exposé en 1878, comme il a été dit (1), représente une construction de 24 mètres de largeur dans œuvre, qui est la portée des fermes. En longueur, elle a 7 travées de 5 mètres soit 35 mètres en totalité, mesure qui peut être augmentée à volonté par l'addition d'un nombre quelconque de travées ou par une mesure de travées plus grande. La naissance des arcs-fermes est à 7m,60 au-dessus du sol, et leur sommet à 14 mètres; la largeur du treillis est, dans cet exemple, de 2 mètres de l'intrados à l'extrados des arcs.

Les parties essentielles de l'ossature ferronnière sont les systèmes transversaux

(1) Et, de nouveau, à l'exposition de l'*Union des Beaux-Arts appliqués à l'Industrie* de 1880.

espacés de la longueur des travées. Chacun d'eux comporte un arc-ferme dont le poids repose simplement, à ses extrémités, sur des supports en fonte composés de chaque côté de deux colonnes reliées entre elles par des contreventements. L'ensemble de ces pieds-droits et de l'arc-ferme constitue une grande arcade qui garantit la stabilité de la construction dans le sens transversal, comme le démontre le mémoire précité.

Ces systèmes transversaux sont reliés et contreventés entre eux sur la longueur :

1° Dans le comble, par les solives ou pannes des voûtes-couvertures qui s'attachent alternativement par travées à l'extrados et à l'intrados des arcs-fermes. Ces pièces peuvent être tout en bois, ou en fer recouvert de bois pour faciliter le clouage des voliges. Les voliges épaisses qui croisent ces pannes, sur lesquelles on les applique en les faisant cintrer à l'aide du clouage, font l'effet de ressorts qui donnent du raide à l'ensemble des surfaces de la couverture en s'opposant à la flexion des pannes. Le devers des arcs est maintenu par un contreventement longitudinal et continu de fermettes sous les voûtes élevées, et de crêtes en treillis sur les voûtes abaissées ;

2° Dans les parois latérales, la liaison et le contreventement sont assurés par les cours de traverses longitudinales à diverses hauteurs, les chéneaux et les bâtis à équerres encadrant les panneaux des clôtures.

Selon qu'on adopte un des partis pris dans les marchés récents, le soubassement peut rester complètement ouvert pour recevoir des grilles, ou être garni de clôtures en maçonnerie comme la zone supérieure, pour y adosser des boutiques. La lumière répandue par les arcs-fermes étant abondante, au point de surpasser trois fois celle qui éclaire l'ancienne salle des Pas-perdus, au palais de Justice, avec une projection plus favorable, il devient inutile de prendre des jours dans les parois latérales : on n'a plus à y ménager que des ouvertures d'aération plus ou moins grandes, selon la destination de la construction.

Pour les marchés, on fait donc l'économie des persiennes, dont on évite les inconvénients signalés, en établissant les clôtures supérieures avec des combinaisons de briques laissant des vides restreints au fonctionnement de la ventilation. Les ressauts en frontons cintrés indiqués dans la figure, ne doivent être considérés que comme des ornements donnant un mouvement agréable aux couronnements latéraux, lesquels peuvent être supprimés par raison d'économie, en faisant régner les chéneaux en ligne droite. La frise ajourée au-dessous des chéneaux, qui établit une ceinture de poutres utilisées pour la stabilité, est plus que suffisante pour faciliter la ventilation complétée, en outre, par les issues pour les gaz viciés qui se trouvent tout à fait au sommet des voûtes dans les compartiments des arcs-fermes. En tout cas, si l'on conserve les ressauts de frontons comme motifs de décoration, il paraît préférable de les placer sur les travées élevées, comme l'indiquent les pl. II et III. L'écartement des deux colonnes des supports transversaux est tout à fait facultatif. Les colonnes intérieures doivent être rapprochées ou écartées pour coïncider avec les divisions d'allées et de groupes fixes que la destination impose.

Il va sans dire que les colonnes extérieures, traitées en contreforts, étant naturellement creuses, servent de tuyaux de descente comme dans les constructions ordinaires.

Pour les salles et galeries de musées, où les parois latérales doivent être garnies de tableaux et exemptes de saillies verticales prononcées qui gêneraient la vue, on peut élever des doubles murailles au droit des colonnes intérieures; ce qui procurerait de chaque côté des dégagements et des annexes dont on a besoin en pareil cas.

Pour les gares, on supprime les colonnes intérieures, qui seraient gênantes sur les quais de service, au moyen de montants extérieurs rigides avec de puissantes consoles recevant la retombée des arcs-fermes.

Les façades des pignons, qui ne sont que des clôtures indépendantes de l'ossature de stabilité, ont été enlevées dans la figure de la pl. I, pour laisser voir la perspective de l'intérieur en même temps que celle de l'extérieur. Ces façades peuvent être traitées de bien des manières, selon les termes des programmes. Celles qu'on voit dans les exemples suivants ne doivent être regardées que comme des indications modifiables à volonté.

Le treillis des arcs-fermes peut être également combiné de différentes manières; plusieurs variantes sont indiquées dans les planches suivantes. Le tracé qui accompagne le mémoire de M. Brune présente, au point de vue de l'économie jointe à la rigidité, des avantages qui le rendent préférable.

L'exemple de la planche I, ayant servi à faire l'exposition du principe de la forme et de la structure du type architectural dit *halle-basilique*, on n'aura, pour les autres planches, qu'à décrire ses applications à des édifices divers.

PL. II et III. — Ces planches représentent une construction de 24 mètres de largeur dans œuvre, ayant en longueur 9 travées de 5 mètres, soit 45 mètres en totalité. Son élévation est moindre que celle de l'exemple précédent, la naissance des arcs-fermes n'étant qu'à $6^m,25$ du sol. On doit faire remarquer que la longueur des travées, restreinte à 5 mètres dans ces exemples, est un *minimum* qu'on peut dépasser, en donnant aux solives-pannes une force de résistance à la flexion suffisante pour leur portée. Sans négliger les conditions d'économie, on peut porter la longueur des travées à 6 mètres, comme on l'a fait dans l'étude pour l'administration de la ville de Paris.

Le soubassement qui est ouvert dans l'exemple des planches II et III, chose admissible pour un marché, serait nécessairement clos pour des salles et galeries d'exposition ou de réunion, comme il a été dit.

Dans cet exemple, les ressauts en frontons rectilignes sont placés sur les travées élevées. Par leur pénétration, ces sortes de lucarnes donnent lieu à des voûtains intérieurs d'un heureux effet, qui sont utilisés pour la ventilation. On comprend que, quel que soit le nombre de travées sur la longueur, il doit être impair pour la répétition de travées semblables aux deux extrémités.

Il va sans dire que, pour des salles devant être hermétiquement closes et décorées, l'intrados des voûtes serait plafonné à simples ou à doubles parois, selon les conditions d'égalité de température à remplir.

PL. IV et V. — Dans les exemples précédents on a vu les fermes éclairantes dégagées alternativement par un seul ressaut des voûtes-couvertures. Dans ce nouvel exemple, qui, par le mouvement plus prononcé des façades latérales s'appliquerait mieux à de très longues galeries, il y a deux ressauts de voûtes-couvertures, ou deux étages de fermes éclairantes.

La construction de 30 mètres de largeur dans œuvre, est supposée avoir 13 travées sur la longueur. Le plan, les coupes et élévations géométrales de la pl. IV, expliquent la combinaison de l'ossature, dont tous les détails peuvent être mesurés au moyen de l'échelle. La planche V donne les vues perspectives de cet exemple. On sera sans doute frappé de l'effet grandiose de la perspective intérieure, qui ne le cède en rien à celle de nos plus belles scènes de théâtre. Pour atteindre la perfection, il serait bon de donner plus de hauteur à la flèche des arcs-fermes.

PL. VI, VII et VIII. — Exemple de l'application du type de la halle-basilique à des palais d'exposition de toutes grandeurs.

Comme noyaux de la construction, on plante, à cheval sur l'axe longitudinal, une suite de pavillons carrés ayant des fermes éclairantes étagées sur les 4 faces et couronnés par des dômes surbaissés. Pour varier la grandeur des salles à l'intérieur et accidenter la silhouette extérieure, on a composé cet exemple de trois grands pavillons d'environ 50 mètres de côté, ayant entre eux trois petits pavillons d'environ 36 mètres de côté. Dans le sens de la longueur, l'entre-deux de ces pavillons est fermé par une travée basse qui leur sert de trait d'union. Pour étendre la largeur de chaque côté, les faces latérales des pavillons sont prolongées par des galeries composées de travées, comme dans les exemples précédents, lesquelles sont dirigées perpendiculairement au grand axe et par conséquent juxtaposées.

Il est facile de voir que la construction de 500 mètres de long sur 115 mètres de large environ, représentée dans cet exemple, peut être étendue ou resserrée en augmentant ou en diminuant les dimensions et le nombre des pavillons et des travées complémentaires.

Cette combinaison se prête à toutes les limites des espaces à couvrir et à éclairer sans toitures en verre.

L'échelle du plan, pl. VI, celle de l'élévation d'une partie de façade, pl. VII, et la coupe pl. VIII, permettent de se rendre compte des dimensions en plan et en élévation des diverses salles et galeries adoptées dans cet exemple. Quant au mouvement des masses et à la distribution des espaces centraux des nefs et des étages de galeries, le plan et les vues perspectives sont rendus d'une manière assez rigoureuse pour en donner une idée exacte.

Ces gravures sont des réductions daguerriennes des dessins originaux étudiés à une échelle triple et produits en 1867.

Sans se prononcer sur le plus ou moins de mérite de ce projet sous le rapport architectural, on ne peut se dispenser de faire ressortir les avantages qu'il offre pour l'utilisation des bâtiments des expositions temporaires, lors de leur enlèvement. Chacun des pavillons, de différentes grandeurs, formant un tout construit de manière à tenir debout séparé, ainsi que les travées des galeries, il n'y aurait à sacrifier, au démontage, que le petit nombre de travées formant les jonctions. Les portions entières de la construction, vendues séparément, ne subissant que la réduction du prix du démontage, du transport et du remontage, représenteraient une valeur productive, qui est presque nulle lorsqu'il faut déchiqueter le tout pour le convertir en ferraille.

MÉMOIRE DE M. BRUNE
SUR LA RÉSISTANCE DES ARCS

DU MARCHÉ PROJETÉ par M. Boileau (1).

1° ÉVALUATION DES CHARGES.

Poids propre de l'arc.

$111^m,40$ de cornières $\dfrac{80 \times 80}{9}$ à $10^k,60$. . . . . $1180^k,84$

112^m de cornières $\dfrac{60 \times 60}{7}$ à $6^k,14$ . . . . $687,68$

50^m de fer plat, servant de feuillure au vitrage, à $1^k,07$ . . . . $53,50$

2 sabots.
$\begin{cases} \text{Tôle } 4^{m \cdot q},335 \times 0,009 \ . \ . \ . \ . \ . \ 304^k,32 \\ \text{Semelle } 2^m,70 \times 24^k,60 \ . \ . \ . \ . \ 66,42 \\ \text{Renforts} \\ \text{cornières} \end{cases} \begin{Bmatrix} 8^m,90 \text{ à } 13^k,28 \ . \ . \ . \ 118,19 \end{Bmatrix}$ $488^k,93 \times 2$. $977,86$

40 barres obliques.
$\begin{cases} \text{Fer plat } 60 \times 9 = 4^k,212 \times 1^m,95 \quad 8^k,21 \\ \text{Fourrure } 25 \times 25 = 4^k,88 \times 1^m,37 \quad 6,70 \\ \text{18 têtes de rivets à } 0^k,02 \ . \ . \ . \quad 0,36 \end{cases}$ $15^k,27 \times 40$. $610,80$

18 barres normales.
$\begin{cases} \text{Fer plat } 60 \times 9 = 4^k,212 \times 1^m,65 \quad 6,95 \\ \text{Fourrure } 25 \times 25 = 4^k,88 \times 1,15 \quad 5,61 \\ \text{14 têtes de rivets à } 0^k,02 \ . \ . \ . \quad 0,28 \end{cases}$ $12^k,84 \times 18$. $231,12$

1 barre normale au sommet $1^m,65 \times 10^k$ . . . . $16,50$

20 plaques d'assemblage, diam. $0,18 \times 0,009 = 1^k,88$ . . . . . . $37,60$

120 attaches de basting $0,16 \times 0,05 \times 0,009$ à $0^k,64$ . . . . $65,28$

POIDS TOTAL DU FER. . . . . $3861^k,18$

Vitrerie de l'arc.

$23^m,40$ sur $1^m,05$ de verre coulé à 12^k . . . . $294,84$

POIDS TOTAL DE L'ARC. . . . . $4156^k,02$

---

(1) Ce mémoire auquel le nom de son auteur donne une grande autorité, a été produit à l'appui d'un projet typique de marché, soumis à l'examen de la direction des travaux de la Ville de Paris, sur sa demande, pour donner une preuve complète de la résistance des arcs-fermes. Voir la figure page 38.

Ce qui pour un développement de la fibre neutre égal à 27^m,90 donne 148^k,96 pour poids moyen par mètre; mais cette évaluation serait exagérée parce que les sabots sont placés directement sur les appuis et ne chargent pas l'arc; on arrive à une répartition plus exacte en défalquant le poids des sabots et celui des cornières correspondantes, et divisant le reste, soit 3078 par 23,40 longueur de la fibre neutre correspondante; on obtient ainsi pour le poids moyen de l'arc par mètre courant de la fibre neutre :

$$131^k,50$$

Couverture.

Le poids du mètre carré se compose de :

1,79 bastings (moyenne des 2 arcs), à 6^k l'un.	10^k,74
Voligeage 0^m,018 d'épaisseur.	10 ,80
Zinc n° 14 compris recouvrements . . , ...	8 ,00
Tasseaux, pattes, etc.	2 ,21
POIDS DU MÈTRE CARRÉ.	31^k,75
Surcharge accidentelle, vent, neige.	30
POIDS TOTAL Y COMPRIS SURCHARGE	61^k,75

Les fermes sont espacées de 5^m,90, donc à chaque mètre d'arc correspondent 5$^{m.q}$,90 de couverture, soit un poids de 61,75 × 5,90 = 364^k,32.

De sorte que la charge totale par mètre courant de fibre neutre est composée ainsi :

Poids propre de l'arc	131^k,50
Poids de la couverture et surcharges.	364 ,32
TOTAL.	495 ,82

ou en nombre rond :

$$p = 496^k.$$

La panne faîtière servant à contreventer les arcs est formée de :

Cornières $\dfrac{55 \times 55}{7,5}$ . . .	14 barres obliques de 1^m,50 = 21^m,00 à 5^k,85.	122 ,85
	Ailes 4 × 5^m,90 = 23^m,60 à 5^k,85.	138 ,06
Barres plates décoratives 6^m,70 à 3^k		20 ,10
Rivets, attaches, etc.		9
POIDS TOTAL 2 P = ...		290^k,01

Ce poids est concentré au sommet de l'arc.

2° CONSTANTES RELATIVES A L'ARC.

L'arc est formé de 4 cornières fortes et de 4 plus faibles disposées comme l'indique la figure.

On trouve en employant les formules exactes concernant les profils dissymétriques.

Surface totale de section :

$$\Omega = 0^{\mathrm{m}}.0086.$$

Moment d'inertie par rapport à la fibre neutre :

$$I = 0,00412493.$$

Moments de résistance :

$$\frac{I}{v} = 0,0052102 \quad \ldots \quad \frac{I}{v'} = 0,0050407.$$

La fibre neutre est un arc de cercle dont le rayon est $\rho = 15^{\mathrm{m}},60$ et dont le demi-angle au centre est :

$$\varphi = 51° - 14'.$$

3° EFFORTS ET DÉFORMATIONS.

Considérons d'abord l'arc comme posé librement sur ses appuis, ce qui arriverait par exemple si une de ses extrémités était placée sur rouleaux; plus loin nous verrons dans quelle mesure il faudra modifier cette hypothèse.

Les efforts et les déformations sont donnés dans ce cas par les formules suivantes :

Poids de l'arc et de la couverture :

$$p = 496^{\mathrm{k}}.$$

Moment de flexion au sommet (maximum) :

$$M = p\rho^2 (1 - \cos\varphi - \varphi\sin\varphi) = 39030^{\mathrm{k}},46.$$

Composante de compression aux naissances (maximum) :

$$N = p\rho\varphi \sin\varphi = 5394^{\mathrm{k}}.$$

Effort tranchant aux naissances (maximum).

$$T = p\rho\varphi \cos\varphi = 4332^{\mathrm{k}}.$$

Augmentation de la *demi-corde* de l'arc.

$$\frac{\Delta L}{2} = \frac{p\rho^4}{8EI} \left[\sin 2\varphi (9 - 4\varphi^2) - 2\varphi (4 + 5\cos 2\varphi) - \frac{I}{\Omega\rho^2} (\sin 2\varphi - 2\varphi \cos \varphi) \right]$$

$$= 0^{\mathrm{m}},01954.$$

Abaissement du sommet :

$$\Delta f = \frac{p\rho^4}{4EI}\left[\sin^2\varphi\,(9-4\varphi^2)+2\varphi\sin\varphi\,(2-5\cos\varphi)-\varphi^2-4\,(1-\cos\varphi)\right.$$

$$\left.-\frac{1}{\Omega\rho^2}(\varphi^2-\varphi\sin2\varphi+\sin^2\varphi)\right]=0^m,030776.$$

Charge provenant de la panne Faitière :

$$2P = 290^k.$$

Moment de flexion au sommet (maximum) :

$$M' = P\rho\sin\varphi = 1763^k,68.$$

Composante de compression aux naissances (maximum) :

$$N' = P\sin\varphi = 113^k.$$

Effort tranchant aux naissances :

$$T' = P\cos\varphi = 91^k.$$

Augmentation de la *demi-corde* :

$$\frac{\Delta' L}{2} = \frac{P\rho^3}{2EI}\left[1+2\cos\varphi-3\cos^2\varphi-\varphi\sin2\varphi-\frac{I}{\Omega\rho^2}\sin^2\varphi\right]$$

$$= 0^m,0006729.$$

Abaissement du sommet :

$$\Delta' f = \frac{P\rho^3}{4EI}\left[8\sin\varphi-2\varphi\,(2-\cos2\varphi)-3\sin2\varphi-\frac{I}{\Omega\rho^2}[2\varphi-\sin2\varphi]\right]$$

$$= 0^m,001093.$$

D'après la loi de superposition des effets des forces, il faut ajouter ces efforts et ces déformations, ce qui donne :

$$M = 39030^k,46 + 1763^k,68 = 40794^k.$$
$$N = 5394^k + 113 = 5507^k.$$
$$T = 4332 + 91 = 4423^k.$$
$$\Delta\frac{L}{2} = 0^m,01954 + 0^m,0006729 = 0,0202129.$$
$$\Delta f = 0^m,030776 + 0^m,001093 = 0,031869.$$

4° PRESSIONS.

La pression produite par le moment de flexion est :

$$R = \frac{M}{\left(\dfrac{I}{v'}\right)} = \frac{40794}{0,0050407} = 8092000^k.$$

ou $8^k,09$ par mill. carré, ce qui est le chiffre admis le plus souvent comme pression de sécurité.

La pression due à la composante N est :

$$R' = \frac{N}{\Omega} = \frac{5507}{0,0086} = 640000^k,$$

ou $0^k.64$ par mill. carré, chiffre très-faible.

La pression due à l'effort tranchant se transmet aux barres de treillis, suivant la formule :

$$R'' = \frac{T}{2\,n\cos\alpha\,.\,\omega},$$

ou T désigne l'effort tranchant, ω la section d'une barre, α son angle avec la normale, n le nombre de barres d'un *même* sens rencontrées par une même normale; ici $n = 1 \ldots \alpha = 34°$ et $\omega = 0,00054$ en ne tenant pas compte de la fourrure pour plus de sécurité.

$$R'' = \frac{4423}{0,000895} = 4940000^k,$$

ou $4^k,94$ par mill. carré, chiffre très modéré et qui serait encore réduit de moitié si on tenait compte de la fourrure.

Enfin les déformations qui ont pour valeur $0^m,020$ pour le déplacement de chaque extrémité et $0^m,031$ pour l'abaissement du sommet sont également très admissibles.

5° PREMIÈRES CONCLUSIONS.

Si l'arc était simplement posé sur rouleaux, et n'était pas solidaire de ses appuis, ce qui est au point de vue de la grandeur des efforts et des déformations l'hypothèse la plus défavorable, il présenterait une résistance suffisante; nulle part les pressions ne dépasseraient celles de sécurité, et les déformations seraient assez petites pour n'entraîner aucun désordre.

Il suffirait même de diminuer d'avance l'ouverture de l'arc de $0^m,04$ et de le surhausser de $0^m,031$ pour qu'il reprît sous la charge la figure projetée.

Mais cette disposition de l'arc posé sur rouleaux quoique employée fréquemment, et se recommandant par certains avantages tels que la liberté de dilatation, etc., ne convient guère que dans des cas spéciaux, à cause de l'augmentation d'efforts qu'elle entraîne.

Dans le cas présent les appuis étant jumeaux et très robustes, il semble préférable d'y relier l'arc et de profiter des réactions qui réduisent notablement le moment de flexion.

3

6° RÉACTIONS HORIZONTALES DES APPUIS.

Chaque appui est formé de deux colonnes creuses, en fonte, reliées à leur sommet et à mi-hauteur. La plus faible, celle intérieure, a pour surface de section.

$$\omega = 0^{m.q},00884.$$

Son moment d'inertie par rapport à son axe neutre est :

$$I = 0,00004584.$$

et son moment de résistance :

$$\frac{I}{v} = 0,000482.$$

La plus grosse colonne, celle extérieure, a pour valeurs correspondantes :

$$\omega' = 0^{m.q},01972 \ldots\ldots I' = 0,00031038 \ldots\ldots \frac{I'}{v'} = 0,00147.$$

Les axes des colonnes sont espacés de $2^m,10$; leur hauteur est $l = 7^m,50$; elles sont boulonnées sur le sol et peuvent être considérées comme encastrées à leur base.

Malgré la liaison du sommet et celle intermédiaire, il ne serait pas prudent de considérer les deux colonnes comme absolument solidaires, et il vaut mieux ne considérer le moment d'inertie de l'ensemble que comme la somme des moments d'inertie partiels :

$$I = 0,00004584 + 0,00031038.$$
$$I = 0,000356.$$

En procédant ainsi on est certain de rester sensiblement au-dessous de la vérité et par conséquent d'arriver à un excès de résistance.

L'arc ne peut s'ouvrir sans écarter le sommet des colonnes, du moment qu'il est fixé dessus; celles-ci se trouvent donc dans la situation de pièces encastrées à leur base et soumises à leur extrémité à l'action d'une force normale.

Soit F cette action horizontale de l'arc sur les colonnes, ou réaction des colonnes sur l'arc.

Sous l'influence de cette force les colonnes s'infléchiront et leur extrémité supérieure se déplacera d'une quantité :

$$f = \frac{F\,l^3}{3\,E\,I} = F \cdot 0,0000439,$$

(en prenant pour le coefficient d'élasticité de la fonte $E = 9\,000\,000\,000$).

Mais ce déplacement de l'extrémité doit être précisément égal à celui du pied de l'arc puisque les deux pièces sont fixées l'une sur l'autre ; il suffira donc pour trouver la force inconnue F d'égaler le déplacement f à celui désigné par $\dfrac{\Delta L}{2}$.

Seulement dans l'évaluation de $\dfrac{\Delta L}{2}$, il faut aussi tenir compte de l'influence de la réaction F qui se retranche des autres efforts; cette influence partielle est donnée par les formules suivantes :

$$\frac{\Delta'' L}{2} = \frac{F \rho^3}{2 EI} \cdot \left[3 \cos \varphi \sin \varphi - \varphi (1 + 2 \cos^2 \varphi) - \frac{I}{\Omega \rho^2} (\varphi + \sin \varphi \cos \varphi) \right]$$

$$= - F . 0,000003069 \ldots \ldots \ldots \quad \text{Diminution de la demi-corde;}$$

$$\Delta'' f = \frac{F \rho^3}{2 EI} \left[1 + \cos \varphi (2 - 3 \cos \varphi - 2 \varphi \sin \varphi) - \frac{I}{\Omega \rho^2} \sin^2 \varphi \right]$$

$$= - F . 0,00000464 \ldots \ldots \ldots \quad \text{Relèvement du sommet;}$$

$$M'' = - F \rho (1 - \cos \varphi) = - F . 5,83205. \quad \text{Moment au sommet.}$$

$$N'' = F. \ldots \ldots \ldots \ldots \ldots \quad \text{Compression au sommet;}$$

$$N''' = F \cos \varphi = F \, 0,6261 \ldots \ldots \ldots \quad \text{Compression aux naissances;}$$

$$T'' = - F \sin \varphi = - F . 0,7797 \ldots \ldots \quad \text{Effort tranchant aux naissances.}$$

De sorte qu'en définitive le déplacement du pied de l'arc est $\dfrac{\Delta L}{2} + \dfrac{\Delta' L'}{2} + \dfrac{\Delta'' L}{2}$ $= 0^m,020212 - F . 0,000003069$; égalant cette valeur à celle trouvée pour f on obtient l'équation :

$$0,0202129 - F . 0,000003069 = F . 0,0000439,$$

d'où : $\qquad\qquad\qquad\qquad$ F = 430^k.

Une fois F déterminé nous pouvons porter sa valeur dans les expressions ci-dessus et ajouter algébriquement les résultats à ceux de la page 33, ce qui donne en définitive :

$$M = 40794 - 2508 = 38286^k \ldots \ldots \quad \text{Sommet;}$$

$$N = 5507 + 269 = 5776^k \ldots \ldots \ldots \quad \text{Naissances;}$$

$$N' = 430^k \ldots \ldots \ldots \ldots \ldots \quad \text{Sommet.}$$

$$T = 4423 - 335 = 4088^k \ldots \ldots \ldots \quad \text{Naissances;}$$

$$\frac{\Delta L}{2} = 0,020212 - 0,0013196 = 0^m,0188. \quad \text{Augmentation de la demi-corde;}$$

$$\Delta f = 0,031869 - 0,0019952 = 0^m,02987. \quad \text{Abaissement du sommet.}$$

Les valeurs définitives des pressions deviennent :
Pression due à la flexion :

$$R = \frac{M}{\left(\dfrac{I}{v}\right)} + \frac{N_\prime}{\Omega} = 7590000 + 50000 = 7640000^k,$$

ou 7^k,64 par mill. carré.

Pression due à la composante N :

$$R' = \frac{N}{\Omega} = 671000^k \quad \text{ou} \quad 0^k,671 \text{ par mill. carré.}$$

Pression due à l'effort tranchant :

$$R'' = \frac{T}{2\,n\,\cos\alpha\,\omega} = 4540000^k \quad \text{ou} \quad 4^k,54 \text{ par mill. carré.}$$

Quant aux colonnes, elles supportent du fait de la force F une pression égale à :

$$R = \frac{F \times l}{\dfrac{I}{v} + \dfrac{I'}{v'}} = \frac{430 \times 7,50}{0,001952} = 1600000^k.$$

ou $1^k,60$ par mill. carré, chiffre très faible.

(NOTA. — Cette dernière valeur n'est qu'approximative; en réalité l'effort se partagerait entre les deux colonnes proportionnellement aux moments d'inertie puisque leur flèche doit être la même; mais la différence a peu d'intérêt.)

La résistance des colonnes à la charge verticale qu'elles supportent est évidente *à priori*, mais se vérifie facilement.

La charge totale se compose de :

Un demi-arc.	2078^k.
Couverture $13,90 \times 5,90 \times 61^k,75$	5064
Poids propre colonnes	1545
Chapiteaux, consoles, liens, etc.	400
Sablières.	424
Fers verticaux.	260
Rives.	200
Marquise.	188
Galandage en briques	2820
POIDS TOTAL.	12979^k.

Ces valeurs ne sont qu'approximatives, mais plutôt exagérées. La force totale de 12980^k est en vérité appliquée à la base de la colonne et serait moindre en haut; elle se répartit sur une surface totale de section de $0^{m.q},02856$, ce qui correspond à une pression de :

$$R = \frac{12980}{0,02856} = 450000^k,$$

ou $0^k,45$ par mill. carré, chiffre très-faible vu le peu de hauteur des colonnes et leurs liaisons latérales.

La disposition par couple des colonnes, et leur espacement considérable leur donne une grande résistance contre l'action latérale du vent sur le comble.

Nota. — Si nous avions considéré les 2 colonnes comme solidaires, leur moment d'inertie serait devenu $I = 0,0267$ et la force F aurait été augmentée jusqu'à atteindre 4196ᵏ; ce qui aurait réduit le moment de flexion à $M = 16373$ et la pression résultante à :

$$R = 3240000ᵏ. \quad \text{ou} \quad 3ᵏ24 \text{ par mill. carré.}$$

Cela eût d'ailleurs exigé pour le scellement de chaque colonne, un boulon de 0ᵐ,05 ou 2 boulons de 0ᵐ,035, ou 4 boulons de 0ᵐ,025, et la pression des colonnes n'aurait pas dépassé 1ᵏ,700 par mill. carré de ce chef.

Le déplacement des naissances eut été 0ᵐ,007 de chaque côté.

Nous ne pensons pas que cet effet puisse se produire intégralement, parce que avec d'aussi petites déformations, les moindres défauts d'exécution prennent une importance considérable et dépassent même quelquefois les autres influences. Tout ce que l'on peut admettre sans erreur possible, c'est qu'en exécution la réaction F sera plutôt plus grande que celle que nous avons calculée page 35 et que l'arc se trouvera soulagé d'autant.

CONCLUSIONS DÉFINITIVES.

L'arc se trouve dans de bonnes conditions de résistance, et cela même avec les hypothèses les plus défavorables.

Les colonnes présentent une résistance largement suffisante. Il y a intérêt à les fixer invariablement sur le sol.

La fixation de l'arc sur ses supports diminue les efforts.

Tous les calculs précédents supposent qu'il n'y a pas de solutions de continuité aux cornières formant les ailes de l'arc, c'est-à-dire qu'il y a des couvre-joints aux raccordements.

1ᵉʳ octobre 1879.

Signé : E. BRUNE.

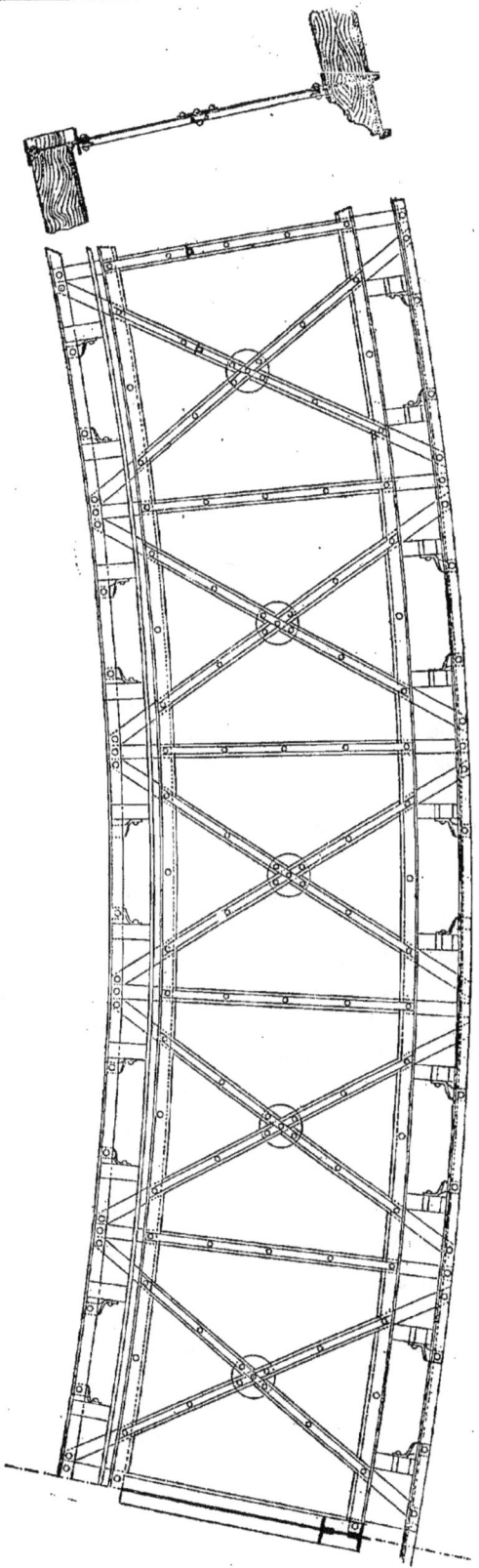

Coupe.

Portion d'un arc de 26m,00 de portée sur lequel les calculs de résistance du mémoire sont établis.

Figure à l'échelle de 0m,033 millimètres pour mètre.

APPENDICE

La lettre suivante qui a été insérée dans la *Réforme du bâtiment* du 1er août 1880, est reproduite ici pour fixer les dates d'une proposition faite, par l'auteur, dans l'intérêt de l'avancement de l'art.

« MONSIEUR LE DIRECTEUR,

« Les descriptions consacrées à la fête du 14 juillet ont fait ressortir plusieurs améliorations apportées dans l'ordonnance générale de cette manifestation populaire. Pour compléter la liste des innovations heureuses, que le Gouvernement et les municipalités ont introduites dans les magnificences de cette fête, permettez-moi d'y ajouter la mention du succès d'une idée émise sous l'Empire qui l'a méconnue, et que notre Conseil municipal a réalisée, de concert avec l'administration préfectorale, en faisant élever, sur la place de la République, le modèle en grand du monument dont il a voté l'érection définitive.

« Cette idée qui consiste à employer une partie de la dépense d'une fête nationale à mettre au jour une nouvelle création monumentale, afin de permettre d'en juger l'effet pour pouvoir la corriger et la modifier, s'il y a lieu, lors de sa mise à exécution, a été soumise, en juillet 1869, au Préfet de la Seine et aux autorités du temps, dans un mémoire où il était dit, en vue de la fête du 15 août.

« Ordinairement, pour cette fête, on décore une de nos principales places « publiques d'une effigie monumentale. Or, je demande qu'au lieu de répéter « encore quelque simulacre d'un monument pseudo-Egyptien, pseudo-Mauresque « ou pseudo-Chinois, sur lesquels le public est blasé, on représente toujours en « effigie (bois, toiles et peintures), et avec la même dépense, un monument de « forme nouvelle. La composition serait offerte chaque année, par un de nos « architectes qui aurait trouvé dans l'emploi des ressources nouvelles de l'art « de bâtir, les éléments d'une transformation notable, et cela, sans exclusion « de personne, à la seule condition que le projet nouveau sous le rapport de « l'art architectural, soit en même temps, pratiquement économique sous le « rapport de la construction. »

« La réponse que j'ai reçue, au bout de neuf mois, le 16 mars 1870, n'est

qu'un refus d'examen de la question, dont la phraséologie entortillée ne mérite pas d'être reproduite.

« En donnant l'exemple de ce mode d'exposition expérimentale, le Conseil municipal de Paris a donc réalisé un progrès que l'Empire avait repoussé.

« On ne peut manquer, en effet, d'être frappé des avantages qui résulteront de cette mesure généralisée pour les futurs embellissements édilitaires. En ce qui concerne le monument de la place de la République, n'a-t-on pas reconnu déjà que l'ensemble grandiose et bien pondéré a une silhouette magistrale; que la statue du sommet est bien comprise et d'un grand art, mais que les trois figures assises, faisant contreforts, demandent à être traitées beaucoup plus largement, surtout dans la partie des draperies, suivant l'exemple donné, non loin de là, par l'artiste Soitoux.

« Il est évident que, grâce à l'expérience faite au moyen de cette effigie de grandeur naturelle, le monument amélioré par les corrections que l'impression ressentie par le public a indiquées, sera digne de notre époque. Aussi, l'exemple de cette initiative sera-t-elle à l'honneur de la municipalité parisienne de 1880, qui a ouvert la voie à suivre désormais en utilisant ainsi les fêtes nationales pour faire éclore et faire juger de grandes œuvres d'art françaises.

« L. A. BOILEAU père,
« *architecte.* »

Paris. — Imp. E. Lacroix, 54 rue des Saints-Pères.

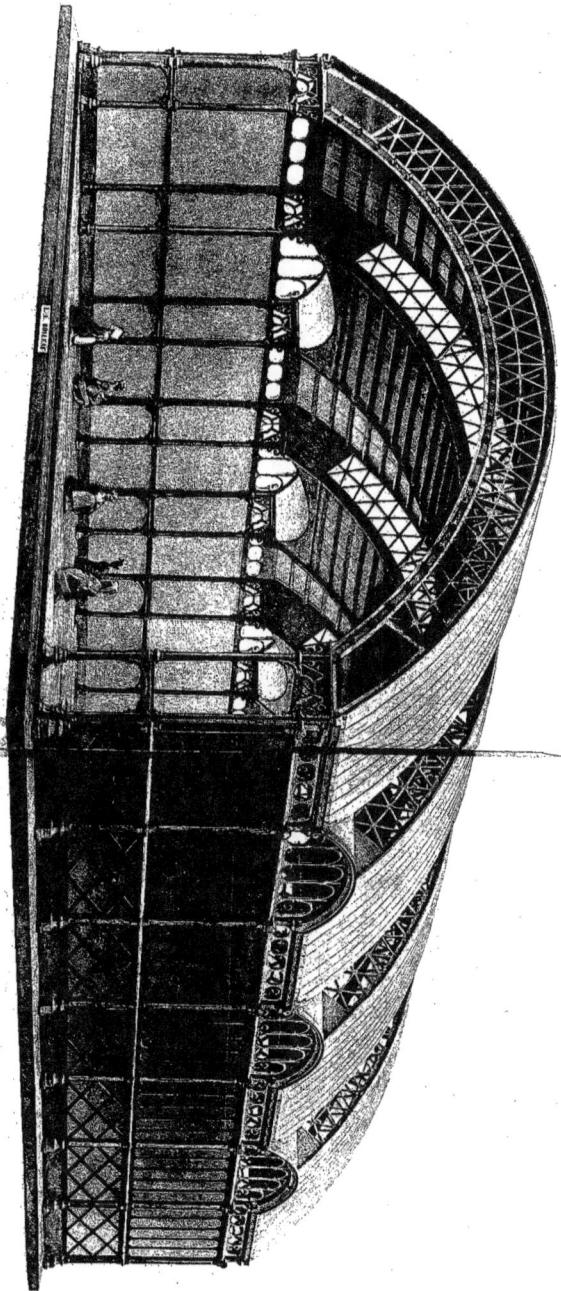

LA HALLE-BASILIQUE
PRINCIPE DES FERMES ÉCLAIRANTES

TYPE DE CONSTRUCTION FERRONNIÈRE ARCHITECTURALE POUR LES VASTES COUVERTS:

GALERIES D'EXPOSITION—HALLES—MARCHÉS—SALLES DE RÉUNION—GARES, ETC.

Intérieur éclairé partout sans couvertes vitrées.

Perspective des voûtes sans attirails décrites en vue.

Photogravure du modèle en relief (an 5)

Lacroix, Editeur, imp. Paris

LA HALLE-BASILIQUE

HALLES—MARCHÈS—SALLES D'EXPOSITION ET DE RÉUNION

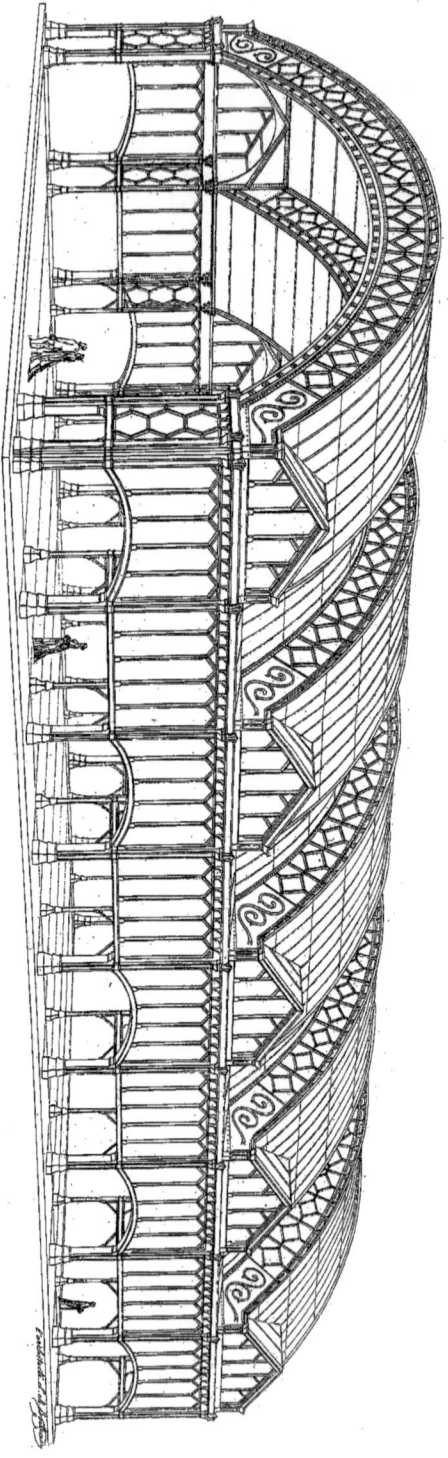

Vue extérieure et plan

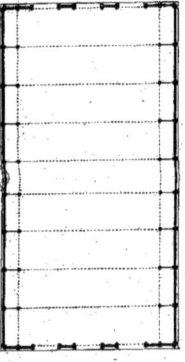

PL. II

LA HALLE-BASILIQUE

HALLES-MARCHÉS-SALLES D'EXPOSITION ET DE RÉUNION

Vue intérieure et coupe

PL. III

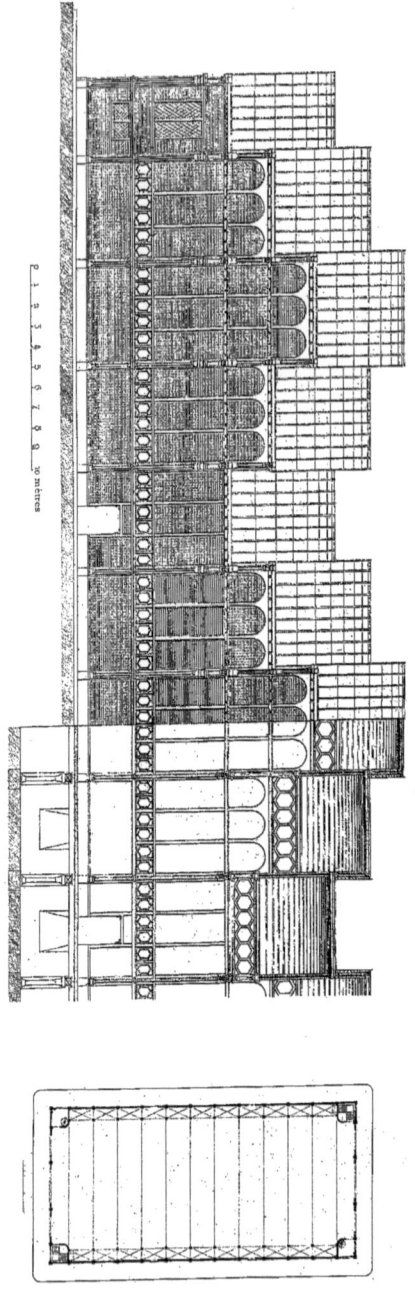

GALERIES D'EXPOSITION

Plan élévations et coupes

0 1 2 3 4 5 6 7 8 9 10 mètres

Etudes imp

E. Lacroix, Editeur imp. Paris

LA HALLE-BASILIQUE

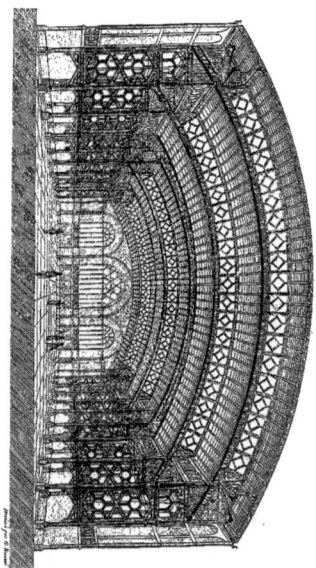

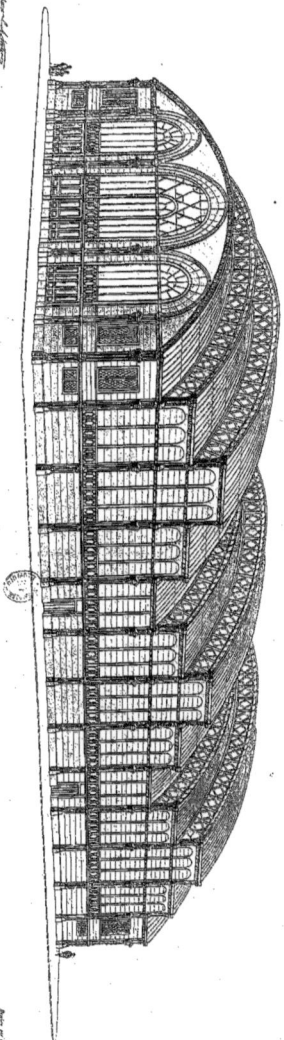

GALERIE D'EXPOSITION. Vue extérieure.—Vue intérieure et coupe

PL.V

Eudes imp.

E.Leroux Éditeur imp. Paris

PALAIS D'EXPOSITION

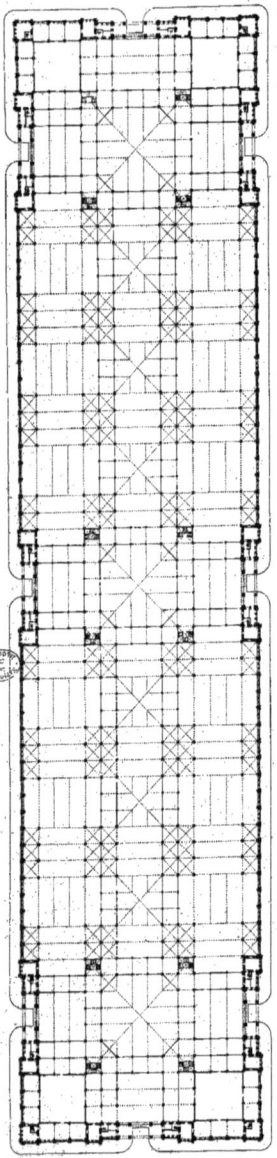

Vue extérieure et plan

E. Lacroix Éditeur imp. Pach

L. Odès imp.

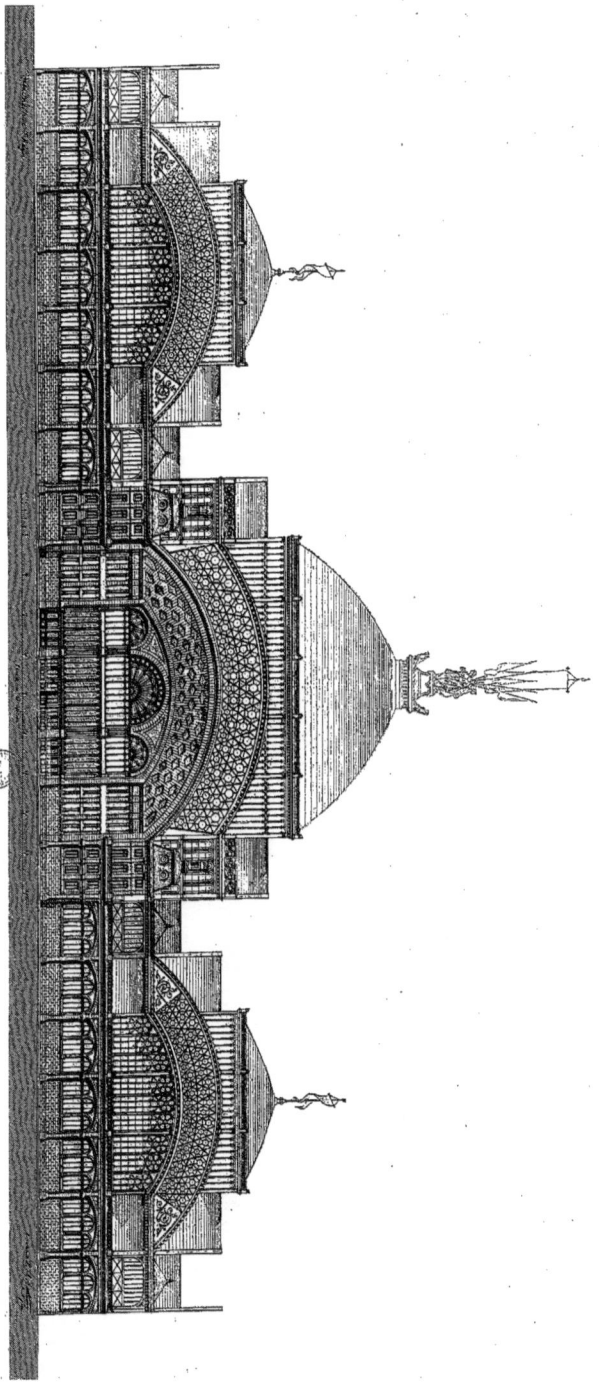

PALAIS D'EXPOSITION.

Elévation d'une partie de façade.

Erdes. imp.

E. Lacroix, Éditeur imp. Paris

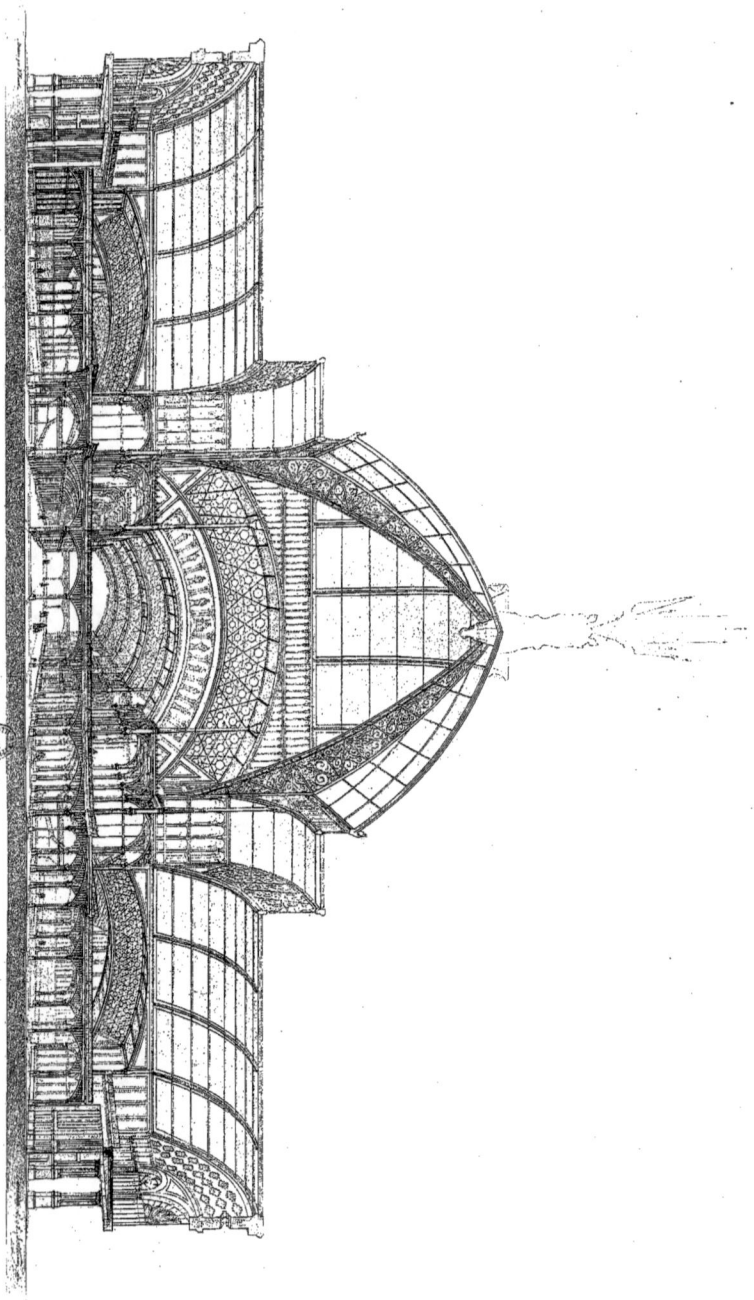

PALAIS D'EXPOSITION

Vue intérieure et coupe

Ecdes imp.

E. Lacroix, Editeur Imp. Paris.